LA  LOI, LE ROI.

PROCLAMATION

DU ROI,

Sur le Décret de l'Assemblée Nationale, qui désigne les Villes où seront placés les Tribunaux de Districts.

Du 28 Août 1790.

VU par le Roi, le Décret dont voici la teneur :

Décret de l'Assemblée Nationale, du 23 Août 1790.

TRIBUNAUX DE DISTRICTS.

L'ASSEMBLÉE NATIONALE, après avoir entendu les Rapports de son Comité de Constitution, a décrété que les Tribunaux sont placés dans les villes ainsi qu'il suit :

Département de l'AIN.

Nomenclature des Districts.	Nomenclature des Tribunaux.
1 Bourg	Bourg.
2 Trévoux	Trévoux.
3 Montluel	Montluel.

A

Département de l'AUBE.

Nomenclature des Diſtricts.	Nomenclature des Tribunaux.
1 Troyes · · · · · · · ·	Troyes.
2 Nogent-ſur-Seine · · · · · ·	Nogent-ſur-Seine.
3 Arcis-ſur-Aube · · · · · ·	Arcis-ſur-Aube.
4 Bar-ſur-Aube · · · · · ·	Bar-ſur-Aube.
5 Bar-ſur-Seine · · · · · ·	Bar-ſur-Seine.
6 Ervy · · · · · · · · ·	Ervy.

Département de l'AUDE.

1 Carcaſſonne · · · · · · · ·	Carcaſſonne.
2 Caſtelnaudary · · · · · · ·	Caſtelnaudary.
3 La Graſſe · · · · · · · ·	La Graſſe.
4 Limoux · · · · · · · · ·	Limoux.
5 Narbonne · · · · · · · ·	Narbonne.
6 Quillan · · · · · · · · ·	Quillan.

Département de l'AVEIRON.

1 Rhodès · · · · · · · · ·	Rhodès.
2 Villefranche · · · · · · · ·	Villefranche.
3 Aubin · · · · · · · · · ·	Aubin.
4 Mur-de-Barez · · · · · ·	Mur-de-Barez.
5 Sevérac-le-Château · · · · ·	Sevérac-le-Château.
6 Milhau · · · · · · · · ·	Milhau.
7 Saint-Affrique · · · · · · ·	Saint-Affrique.
8 Saint-Geniez · · · · · · ·	Eſpalion.
9 Sauveterre · · · · · · · ·	Sauveterre.

Département des BOUCHES DU RHÔNE.

Nomenclature des Diſtricts.	Nomenclature des Tribunaux.
1 Aix	Aix.
2 Arles	Arles.
3 Marſeille	Marſeille.
4 Taraſcon	Saint-Remy.
5 Apt	Apt.
6 Salon	Salon.

Département du CALVADOS.

1 Caen	Caen
2 Bayeux	Bayeux.
3 Falaiſe	Falaiſe.
4 Liſieux	Liſieux.
5 Pont-l'Evêque	Pont - l'Evêque.
6 Vire	Vire.

Département du CANTAL.

1 Saint-Flour	Saint-Flour.
2 Aurillac	Aurillac.
3 Mauriac	Salers.
4 Murat	Murat.

Département de la CHARENTE.

1 Angoulême	Angoulême.
2 La Rochefoucauld	La Rochefoucauld.
3 Confolens	Confolens.
4 Ruffec	Ruffec.
5 Cognac	Cognac.
6 Barbeſieux	Barbeſieux.

Département de la CHARENTE-INFÉRIEURE.

Nomenclature des Diſtricts.	Nomenclature des Tribunaux.
1 Saintes	Saintes.
2 La Rochelle	La Rochelle.
3 St-Jean-d'Angely	St-Jean-d'Angely.
4 Rochefort	Rochefort.
5 Marennes	Marennes.
6 Pons	Pons.
7 Montlieu	Montguyon.

Département du CHER.

1 Bourges	Bourges.
2 Vierzon	Vierzon.
3 Sancerre	Sancerre.
4 Saint-Amand	Saint-Amand.
5 Château - Meillant	Lignières.
6 Sancoins	Dun-le-Roi.
7 Aubigny	Henrichemont.

Département de la CORREZE.

1 Tulle	Tulle.
2 Brive	Brive.
3 Uzerches	Uzerches.
Uſſel	Uſſel.

Département de la CORSE.

Nomenclature des Districts.	Nomenclature des Tribunaux.
1 Baftia	Baftia.
2 Oletta	Oletta.
3 L'Ifle-rouffe	L'Ifle-rouffe.
4 La porta d'Ampugnani	La porta d'Ampugnani.
5 Corté	Corté.
6 Cervionne	Cervionne.
7 Ajaccio	Ajaccio.
8 Vico	Vico.
9 Tallano	Tallano.

Département de la CÔTE-D'OR.

1 Dijon	Dijon.
2 Saint-Jean-de-Lône	Saint-Jean-de-Lône.
3 Châtillon-fur-Seine	Châtillon-fur-Seine.
4 Semur en Auxois	Semur en Auxois.
5 Is-fur-Tille	Is-fur-Tille.
6 Arnay-le-duc	Arnay-le-duc.
7 Beaune	Beaune.

Département des CÔTES DU NORD.

1 Saint - Brieuc	Saint-Brieuc.
2 Dinant	Dinant.
3 Lamballe	Lamballe.
4 Guingamp	Guingamp.
5 Lannion	Lannion.
6 Loudéac	Loudéac.
7 Broons	Broons
8 Pontrieux	Pontrieux.
8 Rofternen	Rofternen.

Département de la CREUSE.

Nomenclature des Diftricts	Nomenclature des Tribunaux.
1 Gueret	Gueret.
2 Aubuffon	Aubuffon.
3 Felletin	Felletin.
3 Bouffac	Bouffac.
5 La Souterraine	La Souterraine.
6 Bourganeuf	Bourganeuf.
7 Evaux	Chambon.

Département de la DORDOGNE.

1 Périgueux	Périgueux.
2 Sarlat	Sarlat.
3 Bergerac	Bergerac.
4 Nontron	Nontron.
5 Exideuil	Exideuil.
6 Montignac	Terraffon.
7 Riberac	Riberac.
8 Belvez	Montpazier.
9 Muffidan	Montpont.

Département du DOUBS.

1 Befançon	Befançon.
2 Quingey	Quingey.
3 Ornans	Ornans.
4 Pontarlier	Pontarlier.
5 Saint-Hypolyte	Saint-Hypolyte.
6 Baume	Baume.

Département de la DRÔME.

Nomenclature des Diſtriĉts.	Nomenclature des Tribunaux.
1 Romans · · · · · · · · · ·	Romans.
2 Valence · · · · · · · · ·	Valence.
3 Le Creſt · · · · · · · · ·	Le Creſt.
4 Die · · · · · · · · · · ·	Die.
5 Montelimart · · · · · · ·	Montelimart.
6 Nyons · · · · · · · · · ·	Le Buix.

Département de l'EURE.

1 Evreux · · · · · · · · · ·	Evreux.
2 Bernay · · · · · · · · · ·	Bernay.
3 Pont-Audemer · · · · · ·	Pont-Audemer.
4 Louviers · · · · · · · · ·	Louviers.
5 Les Andelys · · · · · · ·	Giſors.
6 Verneuil · · · · · · · · ·	Verneuil.

Département d'EURE & LOIRE.

1 Chartres · · · · · · · · ·	Chartres.
2 Dreux · · · · · · · · · ·	Dreux.
3 Châteauneuf - en - Thimerais	Châteauneuf-en-Thimerais.
4 Nogent-le-Rotrou · · · · ·	Nogent-le-Rotrou.
5 Châteaudun · · · · · · · ·	Châteaudun.
6 Janville · · · · · · · · ·	Janville.

Département du FINISTÈRE.

Nomenclature des Districts.	Nomenclature des Tribunaux.
1 Breft	Breft.
2 Landernau	Landernau.
3 Lesneven	Lesneven.
4 Morlaix	Morlaix.
5 Carhaix	Carhaix.
6 Châteaulin	Châteaulin.
7 Quimper	Quimper.
8 Quimperlé	Quimperlé.
9 Pont-Croix	Pont-Croix.

Département du GARD.

1 Beaucaire	Beaucaire.
2 Uzès	Uzès.
3 Nîmes	Nîmes.
4 Sommières	Sommières.
5 Saint-Hyppolite	Saint-Hyppolite.
6 Alais	Alais.
7 Le Viguan	Le Viguan.
8 Le Pont-Saint-Efprit	Le Pont-Saint-Efprit.

Département de la HAUTE-GARONNE.

1 Touloufe	Touloufe.
2 Rieux	Rieux.
3 Villefranche de Lauraguais	Villefranche de Lauraguais.
4 Caftel-Sarrafin	Caftel-Sarrafin.
5 Muret	Muret.
6 Saint-Gaudens	Saint-Gaudens.
7 Revel	Revel.
8 Grenade	Beaumont de Lomagne.

Département du GERS.

Nomenclature des Districts.	Nomenclature des Tribunaux.
1 Auch	Auch.
2 Lectoure	Lectoure.
3 Condom	Condom.
4 Nogarot	Plaisance.
5 L'Isle-en-Jourdain	Lombez.
6 Mirande	Mirande.

Département de la GIRONDE.

1 Bordeaux	Bordeaux.
2 Libourne	Libourne.
3 La Réole	La Réole.
4 Bazas	Bazas.
5 Cadillac	Cadillac.
6 Bourg	Blaye.
7 Lesparre	Lesparre.

Département de l'HÉRAULT.

1 Montpellier	Montpellier.
2 Béziers	Béziers.
3 Lodève	Lodève.
4 Saint-Pons	Saint-Pons.

Département de l'ILLE & VILAINE.

Nomenclature des Diftriƈts.	Nomenclature des Tribunaux.
1 Rennes	Rennes.
2 Saint-Malo	Saint-Malo.
3 Dol	Dol.
4 Fougères	Fougères.
5 Vitré	Vitré.
6 La Guerche	La Guerche.
7 Bain	Bain.
8 Rédon	Rédon.
9 Montfort	Montfort.

Département de l'INDRE.

1 Iffoudun	Iffoudun.
2 Châteauroux	Châteauroux.
3 La Châtre	La Châtre.
4 Argenton	Argenton.
5 Le Blanc	Le Blanc.
6 Châtillon-fur-Indre	Châtillon-fur-Indre.

Département d'INDRE & LOIRE.

1 Tours	Tours.
2 Amboife	Amboife.
3 Château-Renaud	Château-Renaud.
4 Loches	Loches.
5 Chinon	Chinon.
6 Preuilly	Preuilly.
7 Langeais	Bourgüeil.

Département de l'ISÈRE.

Nomenclature des Diſtricts.	Nomenclature des Tribunaux.
1 Grenoble · · · · · · · · · ·	Grenoble.
2 Vienne · · · · · · · · · ·	Vienne.
3 Saint - Marcellin · · · · · ·	Saint-Marcellin.
4 La Tour-du-Pin · · · · · ·	Bourgoin.

Département du JURA.

1 Dole · · · · · · · · · ·	Dole.
2 Arbois · · · · · · · · ·	Salins.
3 Poligny · · · · · · ·	Poligny.
4 Lons-le-Saulnier · · · · ·	Lons-le-Saulnier.
5 Orgelet · · · · · · · ·	Orgelet.
6 Saint - Claude · · · · · ·	Saint-Claude.

L'Aſſemblée Electorale de ce Département alternera dans les Villes déſignées pour l'alternat de l'Aſſemblée de Département.

Département des LANDES.

1 Mont - de - Marſan · · · ·	Mont-de-Marſan.
2 Saint-Sever · · · · · · ·	Saint-Sever.
3 Tartas · · · · · · · ·	Tartas.
4 Dax · · · · · · · · ·	Dax.

Département du LOIR & du CHER.

1 Blois · · · · · · · · ·	Blois.
2 Vendôme · · · · · · · ·	Vendôme.
3 Romorantin · · · · · · ·	Romorantin.
4 Montdoubleau · · · · · ·	Montdoubleau.
5 Mer · · · · · · · · ·	Mer.
6 Saint-Aignan · · · · · ·	Montrichard.

Département de la HAUTE-LOIRE.

Nomenclature des Districts.	Nomenclature des Tribunaux
1 Le Puy	Le Puy.
2 Brioude	Brioude.
3 Moniftrol	Yffengeaux.

Département de la LOIRE-INFÉRIEURE.

1 Nantes	Nantes.
2 Ancenis	Ancenis.
3 Châteaubriant	Châteaubriant.
4 Blain	Blain.
5 Savenay	Savenay.
6 Cliffon	Cliffon.
7 Guérande	Guérande.
8 Paimbœuf	Paimbœuf.
9 Machecoul	Machecoul.

Département du LOIRET.

1 Orléans	Orléans.
2 Baugenci	Baugenci.
3 Neuville	Neuville.
4 Pethiviers	Pethiviers.
5 Montargis	Montargis.
6 Gien	Gien.
7 Bois-Commun	Bois-Commun.

Département du LOT.

Nomenclature des Districts.	Nomenclature des Tribunaux.
1 Cahors	Cahors.
2 Montauban	Montauban.
3 Lauzerte	Moiffac.
4 Gordon	Gourdon.
5 Saint-Ceré	Martel.
6 Figeac	Figeac.

Département du LOT & GARONNE.

1 Agen	Agen.
2 Nérac	Nérac.
3 Caftel-Jaloux	Caftel-Jaloux.
4 Tonneins	Tonneins.
5 Marmande	Marmande.
6 Villeneuve	Villeneuve.
7 Valence	Valence.
8 Mont-Flanquin	Mont-Flanquin.
9 Lauzun	Lauzun.

Département de la LOZÈRE.

1 Mende	Mende.
2 Marvejols	Marvejols,
4 Florac	Florac.
3 Langogne	Langogne.
5 Villefort	Villefort.
6 Meirveys	Meirveys.
7 Saint-Chely	Saint-Chely.

Département du MAINE & LOIRE.

Nomenclature des Diftricts.	Nomenclature des Tribunaux.
1 Angers	Angers.
2 Saumur	Saumur.
3 Baugé	Baugé.
4 Châteauneuf	Châteauneuf.
5 Ségré	Ségré.
6 Saint-Florent	Beaupréau.
7 Cholet	Cholet.
8 Vihiers	Vihiers.

Département de la MANCHE.

1 Avranches	Avranches.
2 Coutances	Coutances.
3 Cherbourg	Cherbourg.
4 Valogne	Valogne.
5 Carentan	Perriers.
6 Saint-Lô	Saint-Lô.
7 Mortain	Mortain.

Département de la MARNE.

1 Châlons	Châlons.
2 Reims	Reims.
3 Sainte-Menehould	Sainte-Menehould.
4 Vitry le-François	Vitry-le-François.
5 Epernay	Epernay.
6 Sézanne	Sézanne.

Départe…

Département de la HAUTE-MARNE.

Nomenclature des Diſtricts.	Nomenclature des Tribunaux.
1 Chaumont	Chaumont.
2 Langres	Langres:
3 Bourbonne	Bourbonne.
4 Bourmont	Bourmont.
5 Joinville	Joinville.
6 Saint-Dizier	Vaſſy.

Département de la MAYENNE.

1 Ernée	Ernée.
2 Mayenne	Mayenne.
3 Laſſay	Villaine.
4 Evron	Sainte-Suzanne.
5 Laval	Laval.
6 Craon	Craon.
7 Château-Gontier	Château-Gontier.

Département de la MEURTHE.

1 Nancy	Nancy.
2 Lunéville	Lunéville.
3 Blamont	Blamont.
4 Saarbourg	Saarbourg.
5 Dieuze	Dieuze.
6 Château-Salins	Vic.
7 Pont-à-Mouſſon	Pont-à-Mouſſon.
8 Toul	Toul.
9 Vézeliſe	Vézeliſe.

Tribunaux de Diſtricts,

B

Département de la MEUSE.

Nomenclature des Districts.	Nomenclature des Tribunaux.
1 Bar-le-Duc	Bar-le-Duc.
2 Gondrecourt	Vaucouleurs.
3 Commercy	Commercy.
4 Saint-Mihel	Saint-Mihel.
5 Verdun	Verdun.
6 Clermont	Varenne.
7 Etain	Etain.
8 Stenay	Stenay.

Département du MORHIBAN.

1 Vannes	Vannes.
2 Auray	Auray.
3 Hennebon	L'Orient.
4 Le Faouet	Le Faouet.
5 Pontivy	Pontivy.
6 Joſſelin	Joſſelin.
7 Ploermel	Ploermel.
8 Rochefort	Rochefort.
9 La Roche-Bernard	La Roche-Bernard.

Département de la MOZELLE.

1 Metz	Metz.
2 Longwy	Longuyon.
3 Brey	Briey.
4 Thionville	Thionville.

Nomenclature des Diſtriſts.	Nomenclature des Tribunaux.
5 Saarlouis · · · ·	· Bouzonville.
6 Boulay · · · ·	· Boulay.
7 Saarguemines · · ·	· Saarguemines.
8 Bitche · · · · ·	· Bitche.
9 Morhange · · · ·	· Faulquemont.

Département de la NIÈVRE.

1 Nevers · · · · ·	· Nevers.
2 St-Pierre-le-Moutier · ·	· St-Pierre-le-Moutier.
3 Deciſe · · · ·	· Deciſe.
4 Moulins-en-Gilbert · ·	· Moulins-en-Gilbert.
5 Château-Chinon · ·	· Château-Chinon.
6 Corbigny · · · ·	· Lorme.
7 Clameci · · · ·	· Clameci.
8 Coſne · · · ·	· Coſne.
9 La Charité · · · ·	· La Charité.

Département du NORD.

1 Valenciennes · · ·	· Valenciennes.
2 Le Queſnoy · · ·	· Le Queſnoy.
3 Aveſnes · · · ·	· Aveſnes.
4 Cambray · · · ·	· Cambray.
5 Douai · · · · ·	· Douai.
6 Lille · · · · ·	· Lille.
7 Hazebrouck · · ·	· Bailleul.
8 Bergues · · · ·	· Dunkerque.

Département de l'OISE.

Nomenclature des Districts.	Nomenclature des Tribunaux.
1 Beauvais	Beauvais.
2 Chaumont	Chaumont.
3 Grandvillers	Grandvillers.
4 Breteuil	Breteuil.
5 Clermont	Clermont.
6 Senlis	Senlis.
7 Noyon	Noyon.
8 Compiegne	Compiegne.
9 Crépy	Crépy.

Département de l'ORNE.

1 Alençon	Alençon.
2 Domfront	Domfront.
3 Argentan	Argentan.
4 L'Aigle	L'Aigle.
5 Bellefme	Bellefme.
6 Mortagne	Mortagne.

Département de PARIS.

Département du PAS-DE-CALAIS.

Nomenclature des Districts.	Nomenclature des Tribunaux.
1 Arras	Arras.
2 Calais	Calais.
3 Saint-Omer	Saint-Omer.
4 Béthune	Béthune.
5 Bapaume	Bapaume.
6 Saint-Pol	Saint-Pol.
7 Boulogne	Boulogne.
8 Montreuil	Hefdin.

Département du PUY-DE-DÔME.

1 Clermont	Clermont.
2 Riom	Riom.
3 Ambert	Ambert.
4 Thiers	Thiers.
5 Iffoire	Iffoire.
6 Beffe	Beffe.
7 Billom	Billom.
8 Montaigu	Montaigu.

Département des HAUTES-PYRÉNÉES.

Nomenclature des Diftricts.	Nomenclature des Tribunaux.
1 Tarbes · · · · · ·	· Tarbes.
2 Vic · · · · · ·	· Vic.
3 Bagnières · · · · ·	· Bagnières.
4 Argeles · · · · ·	· Lourde.
5 La Barthe de Neftes · ·	
ou	} Caftelnau.
Les Quatre-Vallées · · ·	

Département des BASSES-PYRÉNÉES.

1 Pau · · · · · ·	· · Pau.
2 Orthez · · · ·	· Orthez.
3 Oleron · · · ·	· Oleron. ·
4 Mauléon · · · · ·	· Mauléon. ·
5 Saint-Palais · · · · ·	· Saint-Palais.
6 Uftaritz · · · · ·	· Baïonne.

Département des PYRÉNÉES ORIENTALES.

1 Perpignan · · · ·	· Perpignan.
2 Céret · · · · ·	· Céret.
3 Prades · · · ·	· Prades.

Département du HAUT-RHIN.

1 Colmar · · · ·	· Colmar.
2 Altkirck · · · ·	· Altkirck.
3 Belfort · · · ·	· Belfort.

Département du BAS-RHIN.

Nomenclature des Districts.	Nomenclature des Tribunaux.
1 Strasbourg	Strasbourg.
2 Haguenau	Saverne.
3 Wiſſembourg	Wiſſembourg.
4 Benfeld	Scheleſtat.

Département de RHÔNE & LOIRE.

Nomenclature des Districts.	Nomenclature des Tribunaux.
1 La ville de Lyon	La ville de Lyon.
2 La Campagne de Lyon*	La Campagne de Lyon.
3 Saint-Etienne	Saint-Etienne.
4 Montbriſon	Montbriſon.
5 Roanne	Roanne.
6 Villefranche	Villefranche.

* *Le Tribunal de la campagne de Lyon sera séant dans la ville.*

Département de la HAUTE-SAÔNE.

Nomenclature des Districts.	Nomenclature des Tribunaux.
1 Veſoul	Veſoul.
2 Gray	Gray.
3 Lure	Lure.
4 Luxeuil	Luxeuil.
5 Juſſey	Juſſey.
6 Champlitte	Champlitte.

Département de SAÔNE & LOIRE.

Nomenclature des Districts.	Nomenclature des Tribunaux.
1 Mâcon	Mâcon.
2 Châlons	Châlons.
3 Louhans	Louhans.
4 Autun	Autun.
5 Bourbon-Lancy	Bourbon-Lancy.
6 Charolles	Charolles.
7 Marcigny	Semur *Brionnois*.

Département de la SARTHE.

1 Le Mans	Le Mans.
2 Saint-Calais	Saint-Calais.
3 Château du Loir	Château-du-Loir.
4 La Flêche	La Flêche.
5 Sablé	Sablé.
6 Sillé-le-Guillaume	Sillé-le-Guillaume.
7 Fresnay-le-Vicomte	Fresnay-le-Vicomte.
8 Mamers	Mamers.
9 La Ferté-Bernard	La Ferté-Bernard.

Département de la SEINE & de l'OISE.

1 Versailles	Versailles.
2 Saint-Germain	Saint-Germain.
3 Mantes	Mantes.
4 Pontoise	Pontoise.
5 Dourdan	Rambouillet.

Nomenclature

Nomenclature des Diſtriƈts.	Nomenclature des Tribunaux
6 Montfort · · · ·	· Montfort.
7 Etampes · · · ·	· Etampes.
8 Corbeil · · · ·	· Corbeil.
9 Goneſſe · · · ·	· Montmorency.

Département de la SEINE-INFÉRIEURE.

1 Rouen · · · ·	· Rouen.
2 Caudebec · · · ·	· Caudebec.
3 Montivilliers · · ·	· Le Havre.
4 Cany · · · · ·	· Cany.
5 Dieppe · · · ·	· Dieppe.
6 Neufchâtel · · ·	· Neufchâtel.
7 Gournay · · · ·	· Gournay.

Département de SEINE & MARNE.

1 Melun · · · ·	· Melun.
2 Meaux · · · ·	· Meaux.
3 Provins · · · ·	· Provins.
4 Nemours · · · ·	· Nemours.
5 Roſoy · · · ·	· Coulommiers.

Département des DEUX-SÈVRES.

1 Niort · · · ·	· Niort.
2 Saint-Maixent · ·	· Saint-Maixent.
3 Parthenay · · ·	· Parthenay.
4 Thouars · · · ·	.. Thouars.
5 Mesle · · · ·	· Mesle.
6 Châtillon · · ·	· Breſſuire.

Département de la SOMME.

Nomenclature des Diſtricts.	Nomenclature des Tribunaux.
1 Amiens	. Amiens.
2 Abbeville	. Abbeville.
3 Péronne	. Péronne.
4 Doulens	. Doulens.
5 Montdidier	. Montdidier.

Département du TARN.

1 Caſtres	. Caſtres.
2 Lavaur	. Lavaur.
3 Alby	. Alby.
4 Gaillac	. Gaillac.
5 La Caune	. La Caune.

Département du VAR.

1 Toulon	. Toulon.
2 Graſſe	. Graſſe.
3 Hyères	. Hyères.
4 Draguignan . . .	. Draguignan.
5 Saint-Maximin . .	. Saint-Maximin.
6 Brignolles .	. Brignolles.
7 Fréjus	. Fréjus.
8 Saint-Paul-lès-Vence .	. Saint-Paul-lès-Vence.
9 Barjols	. Barjols.

Département de la VENDÉE.

Nomenclature des Diſtricts.	Nomenclature des Tribunaux
1 Fontenay-le-Comte	. Fontenay-le-Comte.
2 La Châtaigneraye	. La Châtaigneraye.
3 Montaigu	. Montaigu.
4 Challans	. Challans.
5 Les Sables d'Olonne	. Les Sables d'Olonne.
6 La Roche-ſur-Yon	. La Roche-ſur-Yon.

Département de la VIENNE.

1 Poitiers	. Poitiers.
2 Châtellerault	. Châtellerault.
3 Loudun	. Loudun.
4 Montmorillon	. Montmorillon.
5 Luſignan	. Luſignan.
6 Civray	. Civray.

Département de la HAUTE-VIENNE.

1 Limoges	. Limoges.
2 Le Dorat	. Le Dorat.
3 Bellac	. Bellac.
4 Saint-Junien	. Rochechouart.
5 Saint-Yriex	. Saint-Yriex.
6 Saint-Léonard	. Saint-Léonard.

Département des VOSGES.

Nomenclature des Districts.	Nomenclature des Tribunaux.
1 Epinal	Epinal.
2 Mirecourt	Mirecourt.
3 Saint-Dié	Saint-Dié.
4 Rambervillers	Rambervillers.
5 Remiremont	Remiremont.
6 Bruyères	Bruyères.
7 Darney	Darney.
8 Neuf-Château	Neuf-Château.
9 La Marche	La Marche.

Département de l'YONNE.

1 Auxerre	Auxerre.
2 Sens	Sens.
3 Joigny	Joigny.
4 Saint-Fargeau	Saint-Fargeau.
5 Avallon	Avallon.
6 Tonnerre	Tonnerre.
7 Saint-Florentin	Saint-Florentin.

LE ROI a sanctionné ledit Décret ; en conséquence, ordonne qu'il sera envoyé aux Corps administratifs, aux Municipalités & aux Tribunaux, & exécuté suivant sa forme & teneur. Fait à Paris, le 28 Août 1790. *Signé*, LOUIS, & *plus bas*, par le Roi. GUIGNARD.

A PARIS, DE L'IMPRIMERIE NATIONALE.